ディスカバー！
世界の国ぐにで大冒険

少年写真新聞社

もくじ

人物紹介　4
これまでのあらすじ　5

タイ

熱帯の国へ　6
　みんなが飛ばされた場所を見てみよう　8
　気候を生かした米作りが盛ん　9
津波に襲われて　10
　地震はなぜ起こる？　12
　仏教とは　14
　日本の仏教とタイの仏教　15
　東南アジアに多く見られる高床式の住居　16
　高温多湿な気候に対応した衣服　17
ため池掘りを手伝う　18
　タイの子どもたち　20
　モンスーンアジアの稲作　21

アイスランド

火と氷の島へ　22
　次に飛ばされたのは、こんな場所　24
　北極圏に近く、美しいオーロラを見ることができる　25
　寒さをしのぐ方法いろいろ　26
　防寒着の例　27
暖かい部屋の中で　28
　豊かな海の幸と、酪農製品　30
　火山の国の自然エネルギー　31
　独特の毛の構造を持つ羊　32
　アイスランドの歴史とキリスト教　33
漁業の国アイスランド　34
　良い漁場に恵まれたアイスランドの漁業　36
　日本との貿易　37

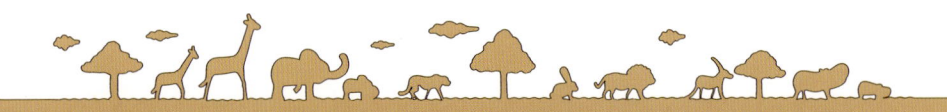

サウジアラビア

砂漠で道に迷う　38
　今度は、どんな場所に飛ばされた？　40
　国土の3分の1が砂漠　41
　砂漠で水を手に入れる方法　42
　砂漠に適した服装　43

食事ができない?!　44
　イスラム教について学ぼう　46
　ラマダーンって？　47
　コーランの教えと、もてなしの心　48
　石油の国、サウジアラビア　49

別れ　50
　イスラム建築 〜モスク（マスジド）を見てみよう〜　52
　風土に適した家屋　53

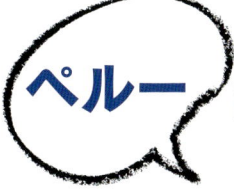

ペルー

巨大な絵　54
　次は、どんな場所？　56
　ナスカ平原に描かれた謎の地上絵　57
　ペルーの人びと　58
　多様な生き物たち　59

湖に浮かぶ島　60
　アンデス高地の暮らし　62
　高山病ってなんだろう？　63
　ペルーの世界遺産　64
　自然の恵み、豊かな食材　65
　インカ帝国　66
　インカの遺跡、空中都市マチュピチュ　67

ユキを追って　68

さくいん　70
監修者紹介　参考文献　取材・撮影協力／写真提供　71

人物紹介

シンヤ
スポーツ万能で、アウトドアの知識が豊富。仲間のリーダー的存在だが、そそっかしい面も。

アイコ
おばあちゃん子で、生活の知恵にたけている女の子。面倒見がよく、しっかり者。

ダイスケ
不器用だが、力持ちで優しい性格。食べることが好きで、いつもおなかをすかせている。

ジュンイチ
いつも本ばかり読んでいて、あらゆる物事に関して、知識が豊富。体力には自信がない。

ユキ
物語の初めに行方不明になってしまった女の子。おとなしくひかえ目で、謎が多い。

ソラ
シンヤが飼っている雑種の子犬。好奇心旺盛で、誰にでもなついてしまう明るい性格。

これまでのあらすじ

　ある日の放課後、小学校6年生のシンヤ、アイコ、ダイスケ、ジュンイチ、ユキの5人と、シンヤの飼い犬・ソラは、いつものように学校のグラウンドで遊んでいた。すると突然、大地震が発生し、なぜか校舎ごと時空のゆがみの中に飛ばされて意識を失った。

　気がつくと、そこは、誰もいない浜辺だった。全員けがもなく無事だったことを喜び合うシンヤたち。しかし、なぜかユキの姿だけが見当たらない。慌てた4人と1匹は、ユキの姿を探してあたりを歩き回るうちに、そこが無人島であることを知る。

　戸惑う4人だったが、なんとかこの島で生きのびてユキを探すことを決意する。飲み水や食料の確保、火おこし、シェルター作り、危険な動物との遭遇など、ふだんの生活では考えもしなかったさまざまな難問が4人に降りかかる。しかし、シンヤの行動力、ジュンイチの知識、アイコの知恵、ダイスケの力……それぞれが自分の個性を発揮し力を合わせてそれらを乗り越えてゆくのだった。

　そして、とうとう4人は島を脱出することを決意する。手作りのいかだで海に漕ぎ出した4人と1匹は、たどり着いた島で、見たこともないような不思議な乗り物を発見する。ソラの様子から、乗り物がユキが消えたことに関係があるのではないかと考えた4人は、恐る恐る乗り物に乗り込んだ。

熱帯の国へ

　無人島で見つけた乗り物は、暗闇の中を猛スピードで移動しているようだったが、やがて動きを止めて着陸した。窓から見える景色は、どうやら海岸のようだ。
「またどこかの無人島に移動しただけ？」がっかりしながら乗り物から降りてみると、そこはやはり浜辺だった。しかし、たくさんの人の姿がある。
「やった！　人がいるよ。日本に帰れたんだ！」ダイスケが叫んだ。
「いや、違う。ここは外国だよ。見て！　見たこともない木が生えている」ジュンイチが悲しそうに言った。
　3人が周囲をよく見ると、確かにそこにいる人たちは外国人のようだ。さっそくシンヤが、近くにいた少年に話しかけてみることにした。

シンヤは、これまでの出来事について身振り手振りを交えて一生懸命説明した。しかし、いつの間にかあの不思議な乗り物は消えてしまっていたし、あまりにも突拍子もない話だったためか、少年は首をかしげるばかり。だが、不思議なことに言葉は通じているようだ。少年はタオという名前で、シンヤたちと同じ12歳。そして、ここは東南アジアのタイという国だと教えてくれた。4人はがっかりして、途方に暮れてしまった。すると、同情したタオが、ひとまず彼の家に連れていってくれることになった。

　タオの家で食事をごちそうになりながら、この国について話を聞いていると、警察官だという父親が仕事から帰ってきた。タオから事情を聞いた父親は、治安を乱す恐れがあると言って、タオが止めるのも聞かず4人を捕らえ、浜辺の小屋に閉じ込めてしまった。

みんなが飛ばされた場所を見てみよう

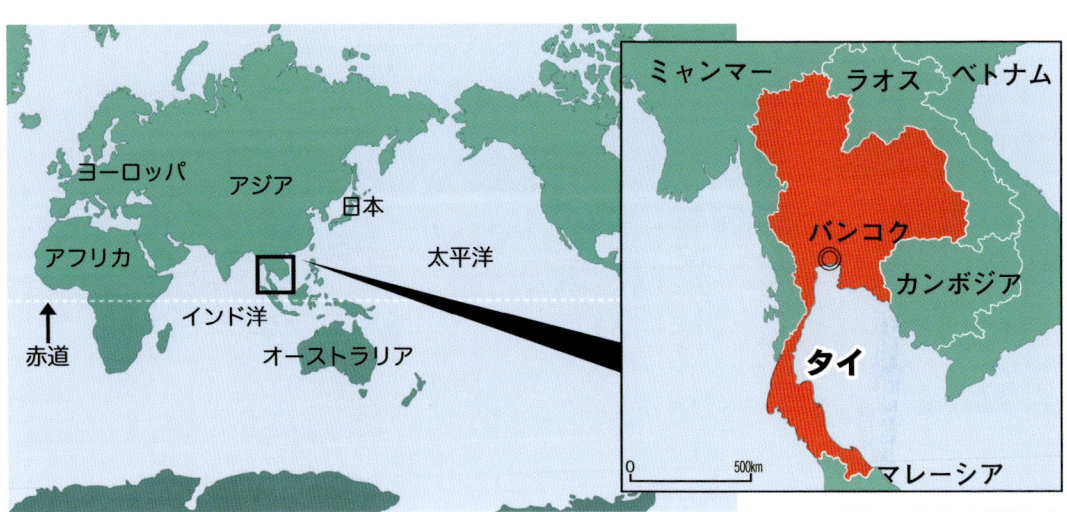

タイは、日本の西南の方、東南アジアという地域にある国。美しい浜辺や仏教寺院がある。象が、神聖な動物として大切にされている。

地　理

タイは、インドシナ半島からマレー半島にかけて、東南アジアのほぼ真ん中にある。国土は日本のおよそ1.4倍の広さ。

人びと

タイには、最も多いタイ族のほか、中華系、マレー系などの住民がいる。また、山岳部には独自の言葉や文化を持った少数民族も暮らしている。

気　候

熱帯と呼ばれる気候帯に属し、1年の平均気温は30℃近い。モンスーン（季節風）の影響で、雨の多い雨季と雨の少ない乾季がある。

バンコクの気候（雨温図）

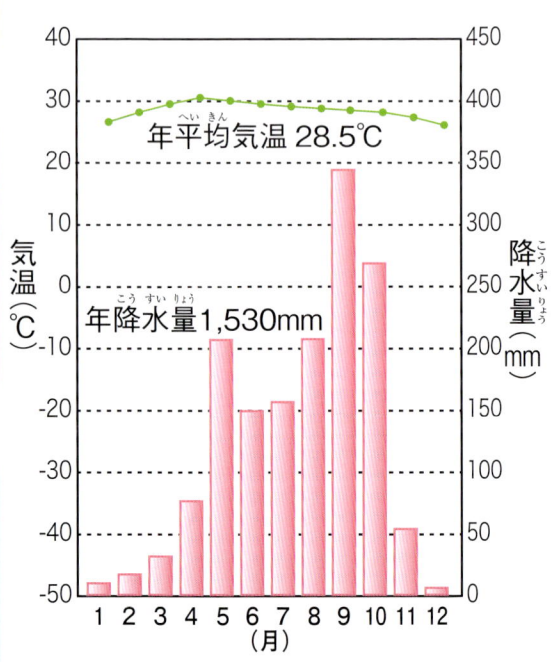

年平均気温 28.5℃
年降水量 1,530mm

出典：国立天文台編
『理科年表2010』丸善刊、2009年

気候を生かした米作りが盛ん

タイでは、昔からモンスーンがもたらす雨を利用した米の生産が盛ん。料理のメニューは、宮廷料理から郷土料理、屋台料理まで、近隣の国ぐにの影響や各民族の特色が混ざり合い、バラエティー豊かだ。南国原産の果物は1年中楽しめる。

主食は米

タイ米　　日本米

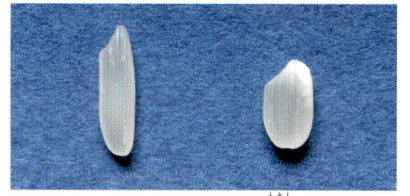

主食は米。しかし、私たちが食べている米とは違い、細長い形で、粘り気が少ない。

味のベースは「辛い・甘い・しょっぱい・すっぱい」

- 唐辛子・辛い
- 砂糖・甘い
- ナンプラー・しょっぱい
- 唐辛子入り酢・すっぱい

タイの食堂には、写真のような調味料が置かれている。これで、料理を自分好みに味つけして食べる。

熱帯のフルーツが豊富

パパイヤ

タイでは、熟したものを食べる以外に、青いうちにサラダに使うこともある。

☆ドリアン

独特の強いにおいが有名だが、クリームのような食感と甘さで、「フルーツの王様」と呼ばれる。

☆マンゴー

日本でも人気のフルーツ。タイでは、たくさんの種類がある。

☆ココナッツ

ココヤシの実。ジュースやデザート、カレーなどの料理にも使われる。

代表的な料理・トムヤムクン

甘ずっぱく、レモングラスの香りが特徴的な、タイを代表するスープ。

☆印＝写真提供：タイ国政府観光庁

津波に襲われて

　タオの父親は、4人を入れた小屋に鍵をかけると、家に帰ってしまった。
「助けてください！　誰かいませんか！」
　4人は口ぐちに叫んだが、返事はない。聞こえるのは、ここまで追ってきて小屋の外にいるソラの悲しそうな鳴き声だけだ。4人はだんだんと心細くなり、黙り込んでしまった。ふだんはノウテンキなシンヤまで、今にも泣きそうな顔をしている。
　そのときだ。ゴウゴウと地鳴りのような音が聞こえたかと思うと、地面がすごい勢いで揺れ始めた。地震だ！　また、地震が起きたのだ。揺れはどんどん激しくなり、粗末な薄い板で造られた小屋は、大きく傾いてガラガラと崩れ落ちてしまった。
　4人は、がれきをはねのけて、なんとか小屋を脱出することができた。

外に出ると、津波の危険があるというジュンイチの指示で、大急ぎで高台に逃げることにした。逃げる途中にふと見ると、浜辺でぼう然と海を見ているタオ一家がいるではないか。津波の恐ろしさを知らないようだ。
「タオ！　地震の後は津波が来る危険がある。早く山の方に逃げるんだ！」
「わかった！」ジュンイチのただならぬ様子に気づいたタオが、周りにいた人たちにも声をかけ、高台に向かって走りだした。その直後、潮が一気に引いたかと思うと、大津波が襲い、浜辺はあっという間にのみ込まれてしまった。
　まさに危機一髪で、高台に逃げた人びとは全員無事だった。すると、ようやくタオの父親の誤解も解けて、家に泊めてくれることになり、ユキ探しにも協力してくれることになった。

地震はなぜ起こる？

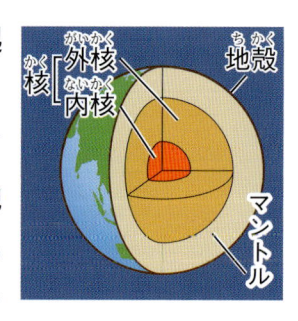

地震は、世界中のどの場所でも起こるわけではない。

地震の仕組みを説明する前に、まず、地球について知っておこう。地球の中心には核と呼ばれるものがあり、その周りを高温で液体状のマントルが取り巻いている。そして、さらに表面を硬い岩（地殻）が覆ってできている。つまり卵のようなつくりなのだ。そして、地表を覆う岩は1枚ではなく、右図のように十数枚に分かれている。これらはプレートと呼ばれ、1年に数cmずつ動いていて、境目では、衝突したり、一方が他方の下に潜り込んだりしている。このときの衝撃が地震だ。地震の原因はほかにもあるが、多くの地震は、プレートの境目で起こる。

日本列島は、プレートが集まる場所にあり、世界でも最も地震が多い地域のひとつである。

プレート境界型地震が起こる仕組み

❶ 海のプレートが陸のプレートの下に潜り込む。

❷ お互いのプレートでひずみがたまる。

❸ たまったひずみが限界になったとき、陸のプレートがはね上がり、地震が起こる。そのとき、津波が起こる場合もある。

世界のプレート

日本の太平洋側では、海のプレートが陸のプレートの下に潜り込んでいて、地震が発生しやすくなっている。

出典：気象庁HPの図を参考に、編集部で作成

津波が起こる仕組み

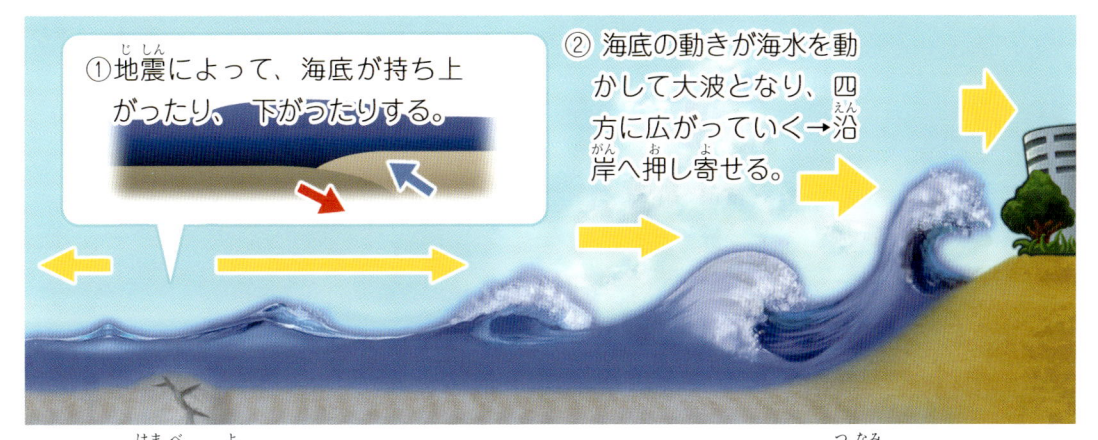

① 地震によって、海底が持ち上がったり、下がったりする。

② 海底の動きが海水を動かして大波となり、四方に広がっていく→沿岸へ押し寄せる。

ふだん浜辺に寄せている波は、表面が波打っているだけだが、津波の波は、海底から海水全体が動いている波である。このため、そのエネルギーは大きく危険である。

仏教とは

タイでは仏教が広く信仰されている。

紀元前5世紀ごろ、現在のネパール南部の王族に生まれたゴータマ・シッダールタ（シャカ）は、29歳のときに裕福な生活を捨てて修行の道に入り、35歳で悟りを開いた＊。その後、自らの悟りを人びとに広めて歩くようになり、仏教が生まれた。

悟りを開くことでこの世の苦しみから逃れることができるというシャカの教えは、シャカの死後、大きく2つの考えに分かれた。ひとつはやがて、タイなどの東南アジアに伝わり（南方仏教）、もうひとつは中国や日本へと広がった（北方仏教）。

＊物事の真の意味を理解し、迷いがなくなること。

シャカは、菩提樹の下で座禅を組んでめい想し、悟りを開いた。

仏教が伝わった道筋

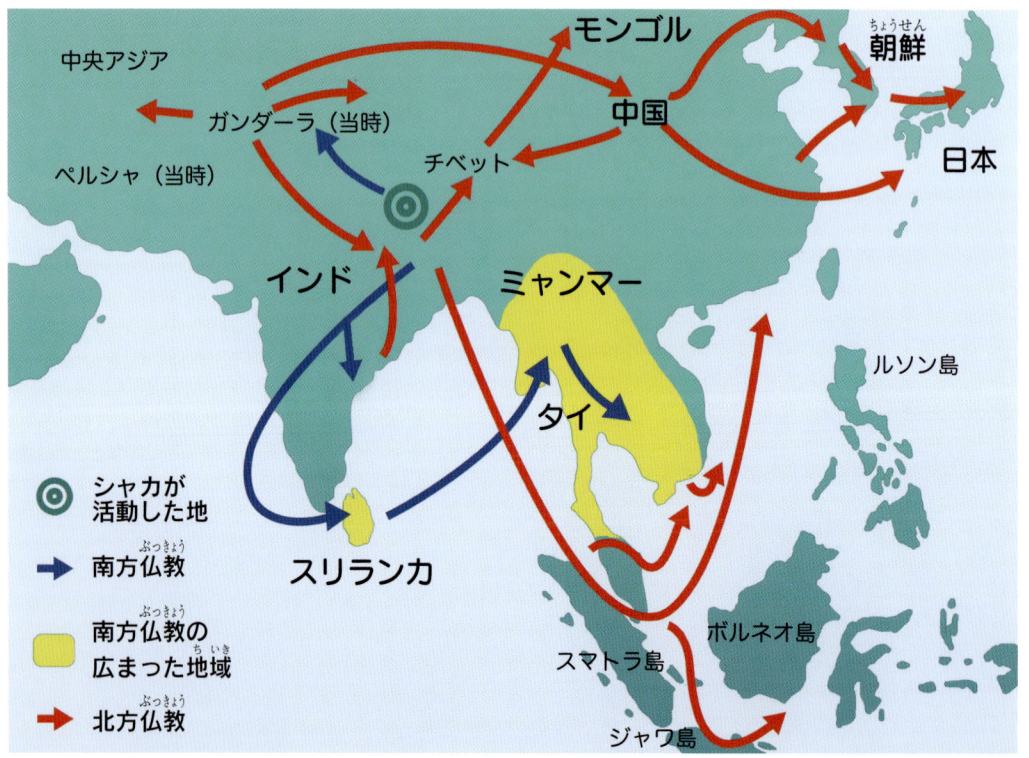

凡例：
- ◎ シャカが活動した地
- ➡ 南方仏教
- 黄色 南方仏教の広まった地域
- ➡ 北方仏教

地名：中央アジア、ペルシャ（当時）、ガンダーラ（当時）、チベット、モンゴル、中国、朝鮮、日本、インド、ミャンマー、タイ、スリランカ、ルソン島、ボルネオ島、スマトラ島、ジャワ島

出典：大津透ほか『新日本史　改訂版』p.33〈仏教伝来要図〉、山川出版社刊、2010年を改変

14

日本の仏教とタイの仏教

　日本で接している仏教とタイで信仰されている仏教とでは、大きく違う。

　日本の仏教では、出家＊していてもしていなくても悟りを開くことは可能とされているが、タイの仏教では、この世の苦しみを取り除くためには、出家して修行を積まなければならないとされる。つまり、出家した僧りょしか悟りを開くことはできないのだ。だから、僧りょが大変尊敬されていて、寺院も大切にされている。

　寺院を訪れる際は、観光客であっても、短パン、ノースリーブなどの乱れた服装は許されないので注意しよう。

＊世俗の生活を捨てて僧となり、修行すること。

ワット・プラ・ケオ（写真提供：タイ国政府観光庁）

出家とサンガ

　上記のことから、タイでは、出家することが最大の名誉とされている。このためタイには、一時的に出家するという習慣がある。この場合、多くの者は、1〜2週間出家した後、還俗＊する。出家している間は、サンガと呼ばれる出家教団に所属し、黄色い衣をまとって227の戒律（決まり）を守る。

　なお、女性の出家者（メーチーと言う）はサンガに入ることが認められない。

＊出家をやめて普通の生活に戻ること。

> タイでは、女性は僧りょに触れても、触れられてもいけない。

東南アジアに多く見られる高床式の住居

高床式住居は、木と竹などを使って建てられた東南アジアに多い住まいである。床が高い造りなど、タイの伝統家屋にも多く見られる特徴を持っている。

水はけが良い
屋根の傾斜に急なものが多いのは、大雨を流れ落ちやすくするため。

涼しい
多くは、木や竹で造られているため、風通しが良く、涼しい。

通気性が良い
タイでは1年中湿度が高いが、床下を風が通るため、湿気がこもりにくくなっている。

害虫や獣の侵入を防ぐ
入口のはしごを上げてしまえば、熱帯地方に多い害虫やネズミなどの侵入を防ぐことができる。

洪水から身を守る
タイでは、雨季には大雨が降り、しばしば洪水が起こる。高床式なら家屋が浸水することはない。

高温多湿な気候に対応した衣服

スタイルは地方によって異なる

タイには多くの民族が暮らしているため、衣装も、民族や地方によって異なる。イラストは、タイ中部のもの。

素材

タイといえば、タイシルク（絹）が有名だが、高温多湿な気候のため、汗を吸収して乾きやすい綿や麻がふだん着には多く用いられる。

通気性の良いズボン

伝統的なズボンはゆったりとしていて、風通しがよく涼しい。ジョンガベンというズボンは、1枚の布を腰に巻き、足の下をくぐらせてズボンの形にする。

パートゥン

パートゥンはタイの伝統的な筒状のスカート。サイズは1種類で、大きめに作られたものを、それぞれの体型に合わせてひもで調節してはく。

サンダル

タイは1年中暑いので、ふだんはサンダルを履いている人が多い。ただし、サンダル履きでは入れてもらえない寺院もあるので、注意しよう。

タイのお祭り：ソンクラーン

4月13日～15日はタイの旧正月。親族が集まり、新年を祝う。ソンクラーンの儀式は地方によって異なるが、仏像のお清めをしたり、亡くなった人をしのんだり、目上の人を訪ねて、その人の手に香りの良い水を注いだりする。しかし近年では、この時期が最も暑い季節でもあるため、お互いに水をかけ合って楽しむことが盛んに行われるようになっている。

（写真提供：タイ国政府観光庁）

ため池掘りを手伝う

　タオの家族に助けられて、しばらく海辺の町に滞在したシンヤたちだが、ユキを探すために北部の村に移動することにした。タオの父親の計らいで、地元の警察署に泊めてもらいながら各地を探し回ったが、ユキの姿は見つからない。
　そんなある日、観光地にもなっている大きな寺院で道に迷った4人は、パーミーという少女に助けられた。パーミーは、家業である農業の手伝いで、作物を町まで運んだ帰りだという。自分たちと同じぐらいの子どもが普通に仕事をしていることに、4人は驚いてしまった。
　捜索が行き詰まっていたこともあり、自宅に帰るというパーミーに付き添って、シンヤたちも彼女の村に行くことにした。

村はのどかな農村で、都会育ちの4人は、一面に広がる水田や、小さな子どもが大きな水牛を乗りこなしている姿などにびっくりしてしまった。
　村では、かんがい用のため池掘りが村人総出で行われているところで、シンヤたちも作業を手伝うことにした。パーミーを見習ってみんなで一生懸命に働いた。中でも力持ちのダイスケは、パーミーに良いところを見せようと大活躍。村の人たちにもとても感謝され、このまま村で暮らさないかと誘われてしまった。
　しかし、4人の目的はあくまでも行方不明のユキを探すことだ。なんとかしなければと思っていると、いつの間にか目の前にあの乗り物が現れた。どうやらこの乗り物は、こちらの気持ちを察して現れたり消えたりすることができるようだ。

タイの子どもたち

　タイの子どもたちは、農作業や家事の手伝いをよくする。東北部などの農業地帯では、10～12歳くらいでも水牛を乗りこなして田を耕す姿などがよく見られる。また、家畜のエサやりや食事の支度、弟妹の世話なども、子どもたちが行っている。

　仏教を敬うタイでは、親は子どもをこの世に生み出し、「恩」を与える存在で、子どもは親の恩に報いなければならないという考え方が根づいている。親を助けるために働くことは、子どもにとって自然なことなのだ。

農作業を手伝う子どもたち
（写真はタイ北部のリス族 提供：タイ国政府観光庁）

健全な成長を妨げる「児童労働」は禁止されている

　一方で、世界中には、健康に害を与えたり、学校に通う権利を妨げたりするような労働をさせられている子どもたちがいる。このような労働を「児童労働」と言い、国際的に禁止されている。

　児童労働をさせられている子どもたちは、アフリカやアジア、南アメリカなどの途上国に多く、健全な心と体の発達を妨げるものとして、大きな問題となっている。

児童労働とは？

「児童労働」とは、以下のような子どもの労働のことです。

◆原則15歳未満の子どもが大人のように働く労働

ILO（国際労働機関）138号条約が定める就業最低年齢

最低年齢	軽易な労働	危険な労働
15歳 ・義務教育修了年齢を下回らない（原則） ・途上国は14歳とすることができる	13歳 ・途上国は12歳とすることができる	18歳 ・健康、安全、道徳が保護され、適切な職業訓練を受ける場合は16歳

＊子どもたちの健全な成長を妨げる労働をさし、家や田畑での手伝い、小遣い稼ぎのアルバイトなどは含まれません。

出典：ILO駐日事務所HP

モンスーンアジアの稲作

　タイの米の生産量は、世界第7位を誇る。インドから東アジアにかけては、モンスーン（季節風）の雨を利用した稲作が盛んに行われているが、この地域のことを、まとめてモンスーンアジアと呼ぶ。下図を見ると、米の生産量の上位10か国のうち、ほとんどが、モンスーンアジアの国ぐにだということがわかる。

かんがい農業

　かんがいとは、水源（川や湖、ため池、ダムなど）から農地まで、用水路などを造って人工的に水を引いてくることを言う。タイの山岳部などでは、雨季に降った雨水をため池にためておき、乾季の畑作などに利用している。

　かんがい農業は日本でも行われている。かんがいによって水を安定的に確保することで、天候に左右されずに作物を栽培することができるという利点がある。

　用水路で水を引く以外に、乾燥の激しい地域では、地下に掘った水路（カナートなど）によって水を運ぶ方法もある。

米の生産量　上位10か国 (2008年)

国	生産量（万t）
中国	19,335
インド	14,826
インドネシア	6,025
バングラデシュ	4,690
ベトナム	3,872
ミャンマー	3,050
タイ	3,046
フィリピン	1,681
ブラジル	1,210
日本	1,102

出典：『世界国勢図会2010／11年版』
矢野恒太記念会編・刊、2010年

かんがいのイメージ

（ダム、ため池、ため池、農業用水、農業用水）

　かんがいには、注意しなければならないこともある。かんがいで過剰に水をまき続けると、地中の塩分が水に溶けて集まり、地表の塩分濃度を上げてしまうことがあるのだ。これを塩害という。ふつう農作物は、塩分が多いと育ちにくいため、大きな被害を生む。

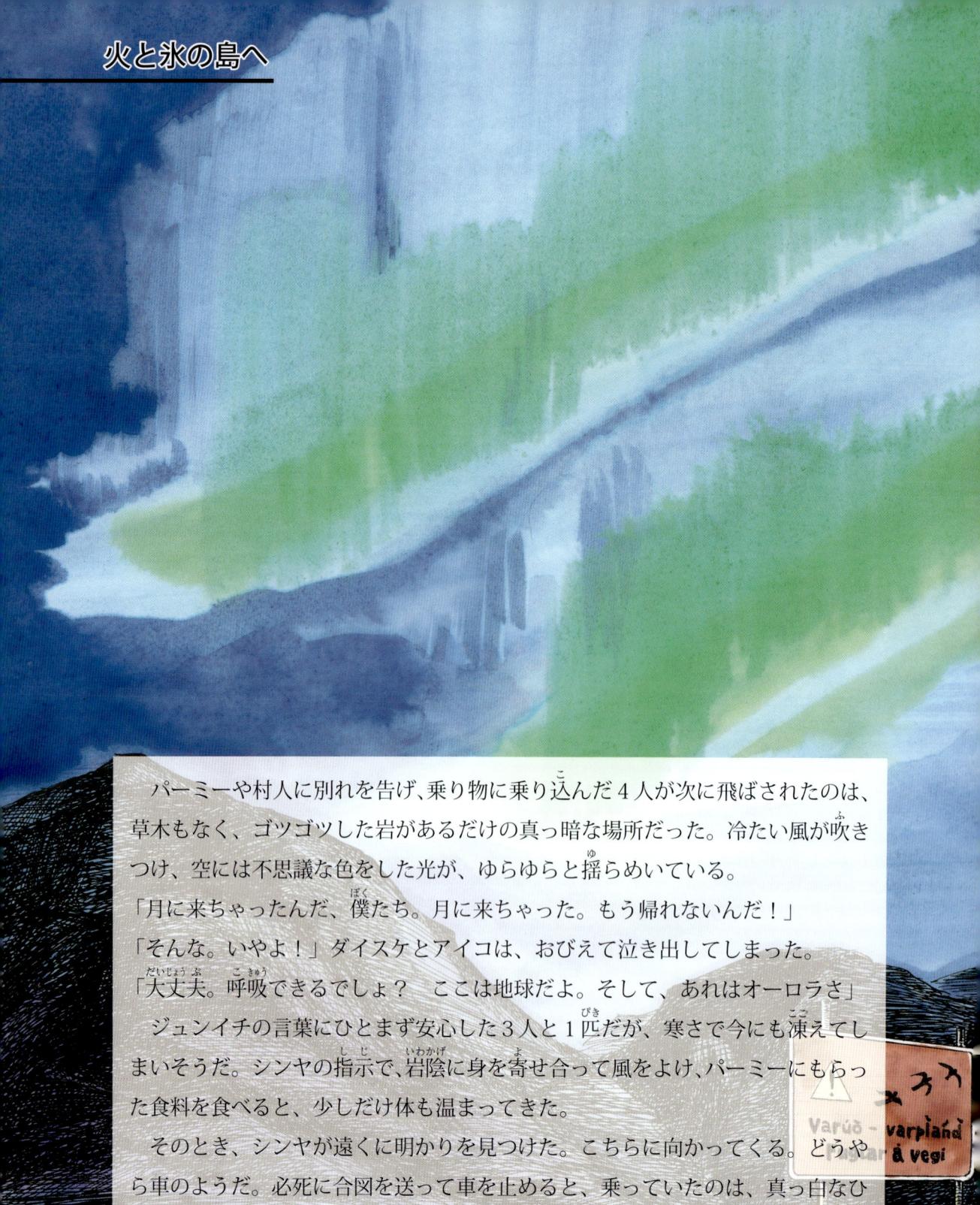

火と氷の島へ

　パーミーや村人に別れを告げ、乗り物に乗り込んだ4人が次に飛ばされたのは、草木もなく、ゴツゴツした岩があるだけの真っ暗な場所だった。冷たい風が吹きつけ、空には不思議な色をした光が、ゆらゆらと揺らめいている。
「月に来ちゃったんだ、僕たち。月に来ちゃった。もう帰れないんだ！」
「そんな。いやよ！」ダイスケとアイコは、おびえて泣き出してしまった。
「大丈夫。呼吸できるでしょ？　ここは地球だよ。そして、あれはオーロラさ」
　ジュンイチの言葉にひとまず安心した3人と1匹だが、寒さで今にも凍えてしまいそうだ。シンヤの指示で、岩陰に身を寄せ合って風をよけ、パーミーにもらった食料を食べると、少しだけ体も温まってきた。
　そのとき、シンヤが遠くに明かりを見つけた。こちらに向かってくる。どうやら車のようだ。必死に合図を送って車を止めると、乗っていたのは、真っ白なひげをたくわえたおじいさんだった。夜中にこんなところに子どもがいることに驚いたおじいさんは、4人とソラを車に乗せて家に連れて行ってくれた。そして、ここがアイスランドという国であることを教えてくれた。

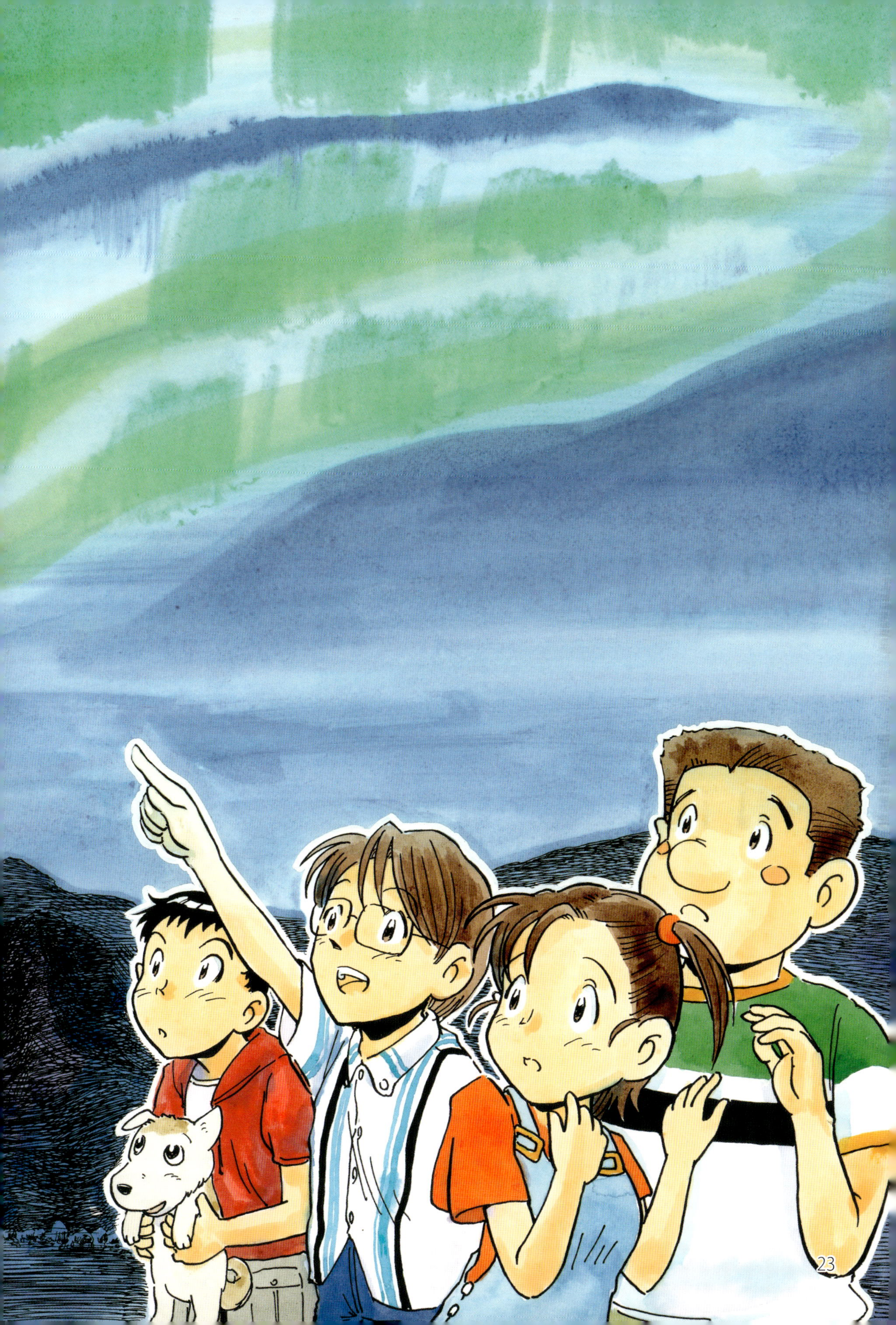

次に飛ばされたのは、こんな場所

アイスランドは、世界で最も北にある島国。氷河や火山などの雄大な景色が楽しめる。

北極圏
◎レイキャビク
アイスランド
0　250km

ヨーロッパ　アジア　日本　北アメリカ
インド洋　オーストラリア　南アメリカ

地理

北ヨーロッパにあり、国の一部の島は北極圏に入る。200以上の火山と国土の1割以上を占める大きな氷河があることから、「火と氷の島」と呼ばれる。

人びと

アイスランドの人口は、32万人ほど。これは那覇市や秋田市とほぼ同じだ。多くの人がノルウェーのバイキングの子孫。

気候

日本よりずっと北にあるせいか、とてつもなく寒い国と考えられがちだが、暖流の影響で、1～3月の平均気温は、札幌や盛岡などよりも高い。

レイキャビクの気候（雨温図）

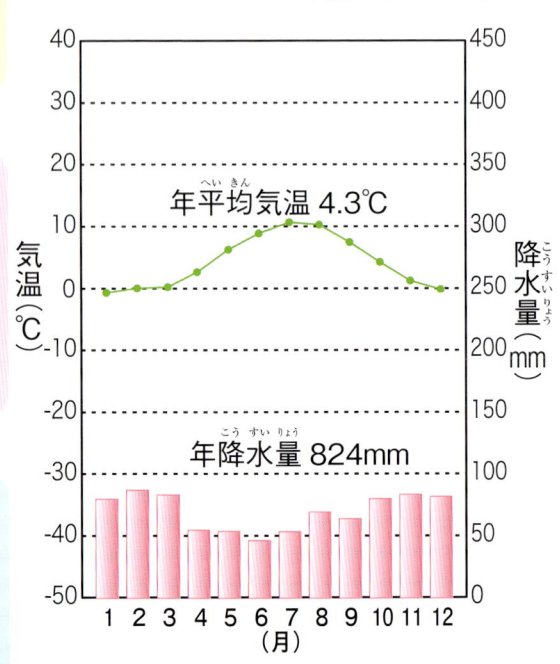

年平均気温 4.3℃
年降水量 824mm

出典：国立天文台編
『理科年表2010』丸善刊、2009年

北極圏に近く、美しいオーロラを見ることができる

　オーロラとは、簡単に言うと、太陽から吹いてくる風（太陽風＝電子や陽子といった、電気を帯びた粒子）が、大気中の酸素や水素とぶつかり、地球の磁気＊を乱す過程で発生する光のこと。地上100～500kmのところで光っていて、主に、オーロラ帯と呼ばれる地域で見ることができる。

＊地球は北極にS極、南極にN極を置く磁石となっている。

アイスランドのオーロラ

　アイスランド以外の国でオーロラを見る場合は、観測地まで乗り物を乗り継ぐなどして足を延ばす必要があるが、アイスランドでは、首都レイキャビク周辺でも観測することができる。また、ほかの国の観測地より気温も高めで、比較的早い時刻から観測できるという利点もある。

　子どもたちが、学校から帰る時刻にオーロラが見えることもよくある。

レイキャビクのオーロラ（見えるのは9月上旬～4月上旬）
（写真提供：アイスランド大使館）

寒さをしのぐ方法いろいろ

寒さは、人間の思考力を奪う。耐えきれない寒さの中で冷静さを失い、食べ物や休息もとらずに体力を消耗することは大変危険だ。まずは冷静になって、自分の置かれた状況を判断することから始め、その後は、素早く決断・行動しよう。

温かいものを食べる

温かいものを食べて、体の中から体温を上げることも有効。また、血行をよくして体温を上げる効果のある食物（ショウガやトウガラシなど）をとるのもよい。水分も忘れずに補給しよう。

食べると体がホカホカに

風をよける

風速が1m増すごとに、体が感じる温度は1度下がると言われている。体温の低下は死を招く危険がある。寒冷地では、風をよけられる場所を確保することが重要である。

体をぬらさない

体がぬれていると、乾いているときの何倍ものスピードで体温が下がる。汗などでぬれた体に風を受けると、夏でも凍死することがあるので、すぐに乾いた衣服に着替えよう。

火をたく

温まるために火をたくことは、最も初歩的で効果的な方法。火には、危険な野生動物を遠ざける効果もある。ただし、火の始末には十分な注意が必要だ。

消し忘れに注意

熱を逃がさない姿勢

風をよける。

ひざをかかえるようにし、内臓の熱を逃がさないようにする。

新聞紙などを敷き、地面に直接座らないようにする。

かばんなどに足を入れ、足先を冷やさないようにする。

＊ときどき手足を動かして、血行をよくする。

防寒着の例

フードまたは帽子
頭から耳まで覆う。耳が出てしまう場合は、耳当てなどを使う。

マフラーやハイネック
首を保温すると、体が感じる温度はぐんと上がる。

外側
風を通さないダウンジャケットやスキーウエアがよい。

中側
薄手の下着を重ね着し、上に空気を含むセーターやフリースを着る。

ズボン
タイツやスパッツの上に風を通さない厚手のズボンを重ねる。

靴下
ウールの薄手の靴下の上に厚手のものを重ねる。

靴
防水で、編み上げのブーツなどが望ましい。

暖かい部屋の中で

　おじいさんは、おばあさんと2人で小さな家に住んでいた。家の中には十字架や不思議な鳥の人形などが飾ってある。食事をごちそうになり満足したダイスケが、
「もしかしてサンタクロースかも？」とヒソヒソ声でささやくと、
「絶対そうだよ！　サンタの家に来たんだ。やったぜ！」とシンヤも大喜び。ソラまでがうれしそうにしっぽを振っている。
「えっ？　君たち、まだサンタを信じてるの？」ジュンイチがあきれて言うと、
「なんだよ！　悪いかよ」ふくれているシンヤとほえるソラを見て、みんな大笑い。
「それにしても、この部屋。ストーブもないのに、暖かいですね」とアイコが尋ねると、おばあさんが、なんと温泉を使って部屋を暖めていることを教えてくれた。
「えー!?　ここは旅館なの？」シンヤが叫んだ。驚く4人に、おじいさんたちは、この国の地形や文化、歴史のことを教えてくれた。

29

豊かな海の幸と、酪農製品

アイスランドの近くの海には恵まれた漁場が多く、昔から漁業が盛んに行われてきた。また、45万頭を超える羊が飼育されており、羊肉や酪農製品なども多く食べられている。

名産のラム

（写真提供：濱地裕美子氏）

自然の中でのびのびと育った羊の肉（ラム）は、品質が良いことで有名。日本にも輸入されている。

アイスランドでは、生後4～4か月半の子羊を、くん製にしたり、煮込み料理にしたりして食べる。また、血液やレバーを使ったソーセージもある。

漁場が近く、魚介類が新鮮

アイスランドの面積は約103,000km²で、北海道より少し大きいだけ。そのため国内輸送にあまり時間がかからず、いつでも新鮮な海産物が食べられる。

（写真提供：アイスランド大使館）

アイスランドの健康食品：スキール

スキールとは、バイキングが発明したという乳製品。低脂肪・高たんぱく、ミネラルが豊富なことから、健康食品として親しまれている。

温室で育てる野菜と輸入に頼る主食（パン）

アイスランドは火山が多く、土地が火山岩に覆われているため畑作物はほとんど育たない。野菜や花は、温泉水を利用した温室（p.31 参照）で作られている。また、パンを作るための小麦などは輸入によって賄われている。

かわいいパフィンも貴重な食料だった

自然環境が厳しく、食料が手に入りにくいこの国では、かわいらしい海鳥・パフィンも食用とされてきた。その習慣は今も残っていて、名物料理となっている。

火山の国の自然エネルギー

アイスランドは2つのプレートにまたがる島であり（p.12 図参照）、プレートの境目を実際に見ることができる珍しい国である。境目はギャウと呼ばれ、周辺では、噴火などの火山活動が活発だ。2010年春のエイヤフィヤトラヨークトル火山の噴火は、大量の火山灰によって飛行機の運行などに大きな影響を与えた。

アイスランドの大地の下では膨大な地球のエネルギーが活動をしている。その証拠が、多数ある温泉であり、間欠泉（ゲイシール）だ。間欠泉とは、地熱（マグマの熱）によって熱せられたお湯が定期的に地表に吹き出す現象のことで、エネルギーの大きさを物語っている。

ギャウ（右上）と間欠泉（写真提供：濱地裕美子氏）

温泉で部屋を暖める

なんと、アイスランドの家庭では、蛇口をひねると温泉が出る。豊富に出る温泉水を、パイプラインで各家庭に供給しているのだ。この温泉は高温なため、お風呂や炊事だけでなく、暖房にも使われている。室内に設置したヒーターの中に温水を循環させることで部屋を暖めるシステムで、野菜などを栽培する温室にも活用されている。

また、アイスランドは、ほぼすべての電力を、環境を汚さない水力発電と地熱発電で賄っていて、エコロジカルな国として世界中の注目を集めている。

温泉による暖房システム

温水　パネルヒーター　ふく射熱

パイプラインで各家庭に供給される温泉水は、暖房やお風呂などに利用される。

独特の毛の構造を持つ羊

　アイスランドは大陸から遠く離れた島国であるため、1000年以上前に連れてこられた羊が、ほかの種類の羊と混ざり合うことがなかった。こうして、原種が保ち続けられた羊たちは、厳しい気候に対応するためか、毛の構造を独自に進化させた。光沢があり、汚れや水をはじく性質のある外側の長い毛と、やわらかく温かい内側の毛という、二重構造になっているのだ。この羊毛から生まれた毛糸は、軽くて温かく、丈夫だ。

人口より多いという羊

首の周りなどに模様を編み込んだ、アイスランドのセーター　　糸は水分をはじき、汚れにくい

アイスランドのお祭り：アッシュ・ウェンズデー

　アッシュ・ウェンズデーはキリスト教の行事で、毎年、イースター（春分の日のすぐ後の満月の次の日曜日。日付は年ごとに変わる）の46日前に当たる水曜日に行われる。キリストの受難に思いをはせ、自らの行いを反省して、頭から灰をかぶったり、額に灰を塗ったりする。このような行事は、世界中のキリスト教徒の間で行われている。アイスランドでは、顔にペイントをしたり、仮装をしたりするイベントとなっており、春を前にした大きな楽しみとなっている。

写真提供（2点とも）：アイスランド大使館

アイスランドの歴史とキリスト教

　アイスランドに人が住み着いたのは9世紀後半。このころ、ノルウェーなどの北ヨーロッパのバイキングたちがやってきて、それまで少数いたアイルランドの修道士たちは、バイキングを恐れていなくなった。

　930年には、すでに5万人ほどが移住していて、世界最古の民主的な議会、アルシングが誕生した。

　このころの人びとは、北ヨーロッパに古くから伝わる神がみを信仰していたが、10世紀後半、ノルウェーの王様によって、キリスト教を信仰するように強く迫られた。

アルシングが開かれたギャウ・シンクヴェトリル
（写真提供：濱地裕美子氏）

キリスト教の受け入れ

　1000年、住民はアルシングを開き、ノルウェー王との争いを避けて国の平和を保つためにキリスト教を受け入れる決定をした。

　キリスト教が広まることで、アルファベットも伝わり、記録を残すことが習慣となった。12～13世紀に発達した「サガ」という文学は、現代でもこの国の人びとに読み継がれている。現代のアイスランドでは、キリスト教が信仰されるのと同時に、北ヨーロッパの神がみも愛され、親しまれている。

ハトルグリームスキャルキャ教会（写真提供：アイスランド大使館）

北欧神話に出てくる雷神・トール

漁業の国アイスランド

　お世話になるお礼として、次の日から、男の子たちはおじいさんの仕事を手伝うことになった。おじいさんは、残念ながらサンタクロースではなく漁師だったのだ。
　まだ暗いうちに起こされた3人は、軽くて温かい手編みのセーターを借りて船に乗り込んだ。おじいさんは、最近は、とれる魚の量がずいぶん減った、と悲しそうだ。シンヤたちは、少しでもおじいさんを元気づけようと、一生懸命手伝い、ほかの漁師たちとも仲良くなることができた。
　一方、アイコは、おばあさんに編み物や料理を教えてもらっていた。料理には魚や羊の肉を使ったものが多く、日本人の口にも合う。ソラといっしょに温室での野菜作りを手伝ったり、町でユキを探したりしているうちに、1週間がたっていた。

おじいさんとおばあさんは、すっかりシンヤたちを気に入ってくれたようで、しばらくゆっくりしていくようにと、しきりに勧めてくれる。でも、アイコは、おばあさんといっしょにいることで、日本に残してきた自分のおばあちゃんを思い出して寂しい気持ちになっていた。それに、ユキを探さなくてはならない。
「おじいさん、おばあさん、本当にありがとう。またいつか会いましょう」
　4人は、後ろ髪を引かれる思いで、またまた現れた乗り物に乗り込んだ。

良い漁場に恵まれたアイスランドの漁業

　この国の重要な産業は、漁業とその加工業だ。

　アイスランドがあるプレートの境界とは、火山が噴火してプレートを生み出す場所（海れいという海底の山脈）であり、その多くは海の中にあって見ることはできない。それがたまたま海上に顔を出したのがアイスランド島なのである。だから、アイスランドの南北の海底はでこぼことした山脈が連なっていて、魚のすみやすい環境となっている（右図参照）。

　また、アイスランドの沖には北大西洋海流が流れている。回遊魚は海流に乗って移動するため、海流付近では魚が多くとれる。

　これらの好条件から、アイスランドでは、昔から漁業が盛んに行われてきた。

　しかし近年、地球温暖化などの影響で、アイスランド近海での漁獲高は、年ねん減ってきているという。

アイスランド周辺の地形

海底地形と魚

海底が平らだと魚はすみづらい

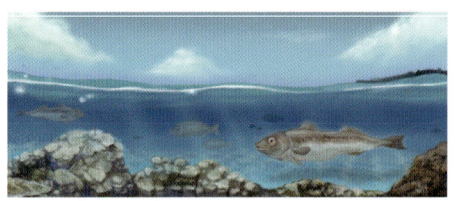

海底がでこぼこだと多くの魚が集まる

アイスランドのタラの乾物（写真提供：濱地裕美子氏）

加工業

　アイスランドでは、海産物の輸出も盛んに行われている。海産物には、加工品も多い。加工品は、冷凍、塩漬け、乾物（内臓などを取り除いて干したもの）、オイル漬けなどがある。

日本との貿易

日本は、いろいろな魚介類をアイスランドから輸入している。中でもししゃもやメヌケ（赤魚の一種）は、日本で食べられているものの多くがアイスランド産だ。また、近年ブームとなった羊肉は、少量だがアイスランドからも輸入されている。

一方、日本からの輸出品の多くは機械類だ。

日本とアイスランドの貿易額は、それほど大きくはないように見えるが、人口32万人のアイスランドにとって、日本は、主要な貿易国のひとつである。

日本の食料事情

実は日本は、たくさんの食料を、アイスランドなどの世界の国ぐにから輸入している。国内で食べられている食料のうち、国内で生産されているものの割合を、食料自給率というが、日本の食料自給率は約40％で、世界の先進国の中でもとても低いのだ。

日本との貿易（2009年）

アイスランド → 日本【総額】約118億円		日本 → アイスランド【総額】約15億円	
魚介類及び同調整品	86.3%	一般機械	49.2%
鉄鋼	5.7%	電気機器	22.6%
精密機器類	3.2%	輸送用機器（自動車など）	11.4%
粗鉱物	1.1%	その他の雑製品	7.0%
一般機械	1.0%	非金属鉱物製品	2.3%

出典：財務省「貿易統計」

輸入ししゃもの生産国（2009年）

注）アイスランド、ノルウェーなどの輸入ししゃもと日本の国内産は、分類上はまったくの別種。

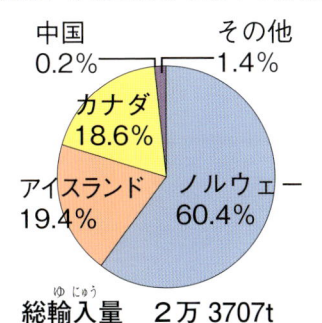

- ノルウェー 60.4%
- アイスランド 19.4%
- カナダ 18.6%
- 中国 0.2%
- その他 1.4%

総輸入量　2万3707t
出典：財務省「貿易統計」

輸入ししゃも

国別食料自給率の推移（カロリーベース）

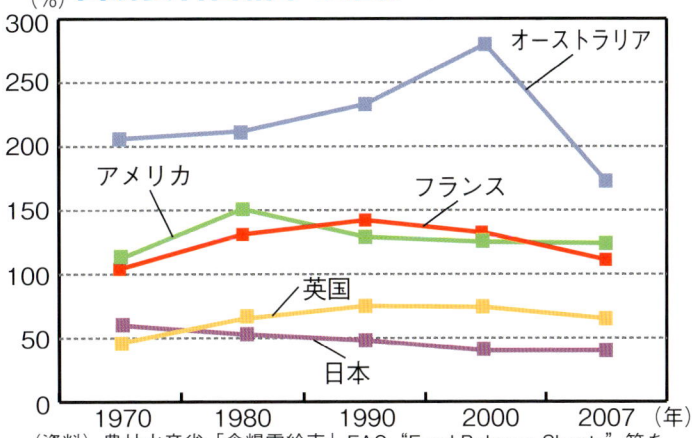

オーストラリア、アメリカ、フランス、英国、日本の1970〜2007年の推移グラフ

（資料）農林水産省「食糧需給表」、FAO "Food Balance Sheets" 等を基に農林水産省で試算した。

（注）1. 供給熱量総合食料自給率は、総供給熱量に占める国産供給熱量の割合である。なお、畜産物については、飼料自給率を考慮している。また、アルコール類は含まない。
2. FAO "Food Balance Sheets" のデータは、過去に遡って修正されることがある。

出典：農林水産省HP

砂漠で道に迷う

　残念ながら、次に着陸した場所も日本ではなかった。見渡す限り、焼けつくような砂、砂、砂！　そう、そこは砂漠だった。よりによってこんな場所に着くなんて！
「いったいどうすれば、コイツを思ったところに飛ばせるんだよ！」シンヤが思わず乗り物をたたくと、「シュイーン」という音とともに、乗り物は消えてしまった。
　がっかりした４人は、とりあえず北の方角を目指して歩くことにした。しかし、どこまで行っても景色は変わらない。汗が止めどなく流れ、おばあさんが持たせてくれた水筒の水だけでは、計画的に飲んだとしてもすぐになくなってしまうだろう。４人は、不安な気持ちでいっぱいになってきた。

「もう、動けない」どこまで行っても変わらない景色に、とうとうジュンイチが座り込んでしまった。いったいどのくらい歩いたのか見当もつかない。太陽はジリジリと照りつけ、水不足と暑さで頭もボーッとしてきた。
　と、そのとき、遠くからこちらにやってくるものが見えた。まぼろしかと思ったが、近づくにつれてそれが人間だということがわかってきた。ラクダに乗っている。
「助かった……」4人は、一気に全身の力が抜けてしまった。
「こんなところで、何をしているんだい？」その人はハリードと名乗り、水をくれ、暑さをしのぐ衣装を貸してくれた。そこは砂漠の国、サウジアラビアだった。

今度は、どんな場所に飛ばされた？

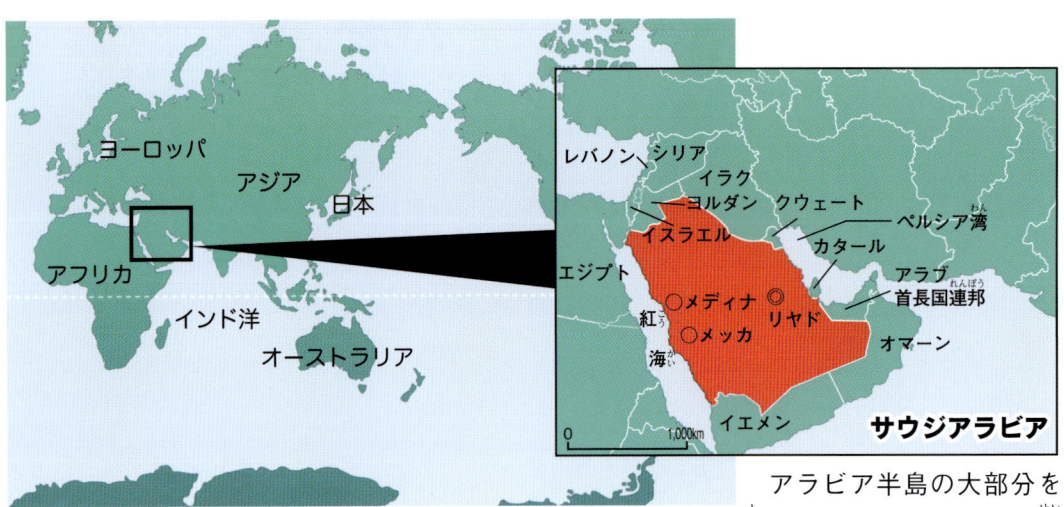

アラビア半島の大部分を占める国。イスラム教の聖地メッカとメディナがある。

地 理

紅海・ペルシア湾に面するサウジアラビアは、日本のおよそ5.7倍もの広大な国土を持ち、原油埋蔵量は世界最大を誇る。

人 び と

アラビア半島には、昔から羊やラクダを遊牧する人びとが多くいたが、現在ではほとんどが定住している。また、国民はイスラム教を信仰している。

気 候

サウジアラビアは、国土の3分の1が砂漠だが、紅海沿岸からイエメン国境にかけての地域には山岳地帯が続き、雨も多い。

リヤドの気候（雨温図）

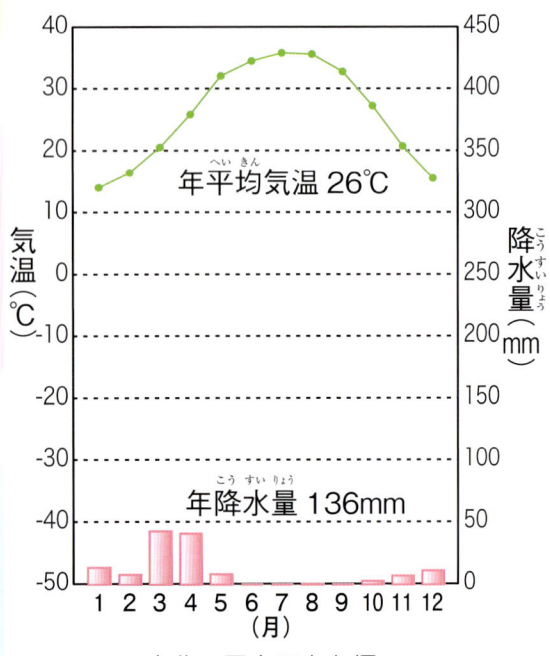

年平均気温 26℃
年降水量 136mm

出典：国立天文台編
『理科年表2010』丸善刊、2009年

国土の3分の1が砂漠

　サウジアラビアの国土の多くは砂漠だ。最も大きなものは南部のルブアルハリ砂漠で、約65万km²もの面積を持つ。北部には岩石砂漠のネフド砂漠、2つの間には、ダフナー砂漠などがある。

　人口350万人を超える大都会リヤドの中心地からでも、車に30分も乗れば砂漠に行くことができる。

砂漠は心のふるさと

　砂漠地帯には、昔からベドウィンと呼ばれる遊牧民（砂漠のオアシス＊を移動しながら、羊やラクダの放牧や売買を行う民族）が多く暮らしていた。1930年代に、定住化（決まった場所に住むようにすること）政策が進められ、人びとは町へ移り住んだ。

＊次ページ参照。

（写真提供：サウジアラビア大使館）

　しかし、サウジアラビアの人びとにとって、砂漠は今も心のふるさとと言える場所である。日本人が里山の景色を懐かしく思うように、サウジアラビアの人たちは、砂漠に郷愁を感じるという。

　砂漠は、日中は50℃を超える暑さとなっても、夜はぐんと気温が下がるため、人びとは、しばしばお弁当などを持って砂漠に出かけ、ピクニックを楽しむ。

サンドバギー（上）や砂漠のキャンプも人気
（写真提供：サウジアラビア大使館）

41

砂漠で水を手に入れる方法

砂漠では、1日の気温の差が大きい。冬になると、夜の気温は氷点下になることもある。雨がほとんど降らない厳しい環境ではあるが、わずかに生えている植物の蒸散作用や、昼夜の気温差（結露）を利用して水を手に入れる方法（第1巻 p.11～12参照）がある。そのほか、次のような砂漠特有の方法も考えられる。

○オアシスを探す

オアシスとは、砂漠などの乾燥地帯で、水のある場所のことを言う。オアシスは、わき水によるもの、河川や雪解け水によるもの、人工的に井戸を掘ってできたものなどがある。水があることで植物が育ち、その周辺に町ができることもある。

○かれ川（ワジ）を掘る

かれ川とは、砂漠に大雨が降ったときにできる川のこと。雨が降らないときは、谷や道のように見える。

かれ川の地下には水脈＊があることがあるため、そこを掘ってみるのもひとつの方法と言える。しかし、100％水が見つけられるとは限らない。

また、砂漠の川は雨が降ると一気に水かさが増し、鉄砲水が発生することもあるので注意が必要だ。

＊地下水の流れている部分のこと。

かれ川（ワジ）

雨が降ると、川となる

砂漠に適した服装

サングラス
強い日差しから目を守る。

帽子と日よけ布
日光や砂から頭や首を守る。通気性の良い素材を選ぶ。

長袖
強い直射日光を避けるため、緩めの長袖がよい。素材は綿や麻。

上着
夜間の砂漠は、想像以上に冷え込む。防寒具は必需品。

タオル
汗ふきや日差しよけだけでなく、防寒にも使えて便利。

ひざかけや毛布
風よけなどにも使える。

色は白が良い
白い色は、日差しを反射するため、中に熱がこもりにくい。

サウジアラビアの男性の服装（写真提供：JICA）

食事ができない?!

　ハリードさんに連れられて町までやって来たが、遠くから聞こえた犬の声に驚いたソラが突然駆け出し、追いかけた4人はハリードさんとはぐれてしまった。
　「ソラのやつ……」がっかりして、おなかもすいてきた4人は、とにかく食事をしようと食堂を探すことにした。しかし、なぜかどこも開いていない。
　しばらくして日が沈んだころ、やっとハリードさんと再会することができた。ハリードさんの話では、今はラマダーンというイスラム教の断食月で、信者たちは、日没まで食べ物や飲み物を口にすることをしないのだという。

「そ、そんなぁ」ダイスケは今にも泣きそうだ。4人はあらためて国や宗教による、文化やしきたりの違いについて考えさせられてしまった。

夜になり、開いた食堂で食事を終えると、ハリードさんが家に連れていってくれた。家の中はシンと静まり返っている。油田で働いているというハリードさんには、シンヤたちと同い年の子ども、イブラヒムがいたが、数か月前に妻といっしょに交通事故で亡くしたのだ。

イスラム教について学ぼう

　イスラム教（イスラーム）とは、7世紀初め、今のサウジアラビアのメッカに住んでいたムハンマドが始めた一神教（唯一の神を信じる宗教）。現在では、世界中に約13億人の信者がいる。サウジアラビアでは、イスラム教以外の信仰は禁止されている。

ムハンマド（マホメット）って？

　イスラム教の預言者。商人だったムハンマドは、41歳のころ、メッカ郊外の洞窟で、神アッラーの啓示（神が示す宗教的真理）を受ける。その後は、迫害を受けながらも、人びとに教えを伝え、イスラム教の基礎を築いた。

六信五行って？

　イスラム教では、6つのことを信じ（六信）、5つのことを行わなければならない（五行）とされる。
【六信】1．神、2．天使、3．啓典、4．預言者、5．来世、6．天命
【五行】1．信仰告白、2．礼拝、3．断食、4．喜捨、5．巡礼

コーラン（クルアーン）って？

　ムハンマドが受けた啓示を書き記したもの。イスラム教の聖典。アラビア語で書かれており、生活の仕方や社会の決まりごとなどについて記されている。サウジアラビアでは、コーランに基づいたイスラム法が国の法律。

コーラン
（ウード博物館所蔵）

メッカとメディナって？

　メッカとメディナはイスラム教の2大聖地。信者は、一生に一度はこれらの地を巡礼したいと考えている。
　また、信者は、1日に5度、メッカにあるカーバ神殿の方角に向かって礼拝することが義務づけられている。

メディナの預言者モスク（マスジド）
（写真提供：イスラミックセンター・ジャパン）

ラマダーンって？

　ラマダーンとは、イスラム教の五行のひとつである断食を行う月のことで、日付（イスラム暦の第9月）は毎年変わる。この月の、日の出から日没までの間、イスラム教徒は一切の飲食物やタバコなどをとってはならない。日が暮れると、断食を中断し、食事や礼拝などを行う。

ラマダーン期間

年	始めの日	終わりの日
2011	8月1日	8月29日
2012	7月20日	8月18日
2013	7月9日	8月7日
2014	6月28日	7月27日
2015	6月18日	7月16日

※数日ずれることもある。

メッカのカーバ神殿
（写真提供：イスラミックセンター・ジャパン）
ラマダーンの27日目は「みいつの夜」と呼ばれ、世界中から多くの信者が集まる。

サウジアラビアの女性

　サウジアラビアでは、イスラム法により、小学校から男女は別べつの学校に通う。また、公共のレストランなどでも、家族用の席を除いて、男女がいっしょの席にいることは許されない。

　そして、男女とも人前で肌を見せてはいけないとされる。特に女性は、アバヤという黒い衣装とヒジャブというベールを身につけ、全身を覆うことが義務づけられている。これは、サウジアラビアにやってきた外国人であっても同様だ。

コーランの教えと、もてなしの心

　降水量の多い南西部を中心に、じゃがいもやきゅうりなどの野菜が育てられている。一方で、かんがいを必要とする小麦やとうもろこしの生産量は年ねん減少している。また、コーランの教えが、食事についても守られている。

主食はパンと米

☆ホブズ

薄くて平たいパン（ホブズ）が食べられている。また、香辛料を加えて炊いた米もよく食べる。

コーランの教えによる食事のルール

　人びとは、食事についても、コーランに記された決まりを固く守っている。「豚肉を食べない」「イスラムの教えに従って殺された動物以外の肉は食べない」「飲酒禁止」「右手で食べる」などの決まりがある。

現代に生きるもてなしの心

　サウジアラビアには、砂漠で暮らしていたころからの伝統として、「客人はもてなせ」という心が生きている。もてなしの席では、大皿に盛った料理を取り分けて食べることも多い。

☆カプサ

スープで炊いた米の上に、焼いたとり肉などをのせた、最もポピュラーな料理。

☆シャワルマ

焼いた肉を野菜などといっしょにホブズで巻いた、アラブ風サンドイッチ。

伝統食ナツメヤシ

ナツメヤシは、地中深く根を伸ばすため、砂漠でも育つ貴重な植物として、昔から栽培されている。

☆印＝写真提供：越出水月氏

石油の国、サウジアラビア

　サウジアラビアと聞いて、まず思い浮かぶのは「石油」ではないだろうか。サウジアラビアは、世界第1位の原油（精製していない石油）輸出国であり、埋蔵量も世界第1位だ（2008年現在）。

　サウジアラビアで石油が発見されたのは、1930年代のこと。その後は、原油を輸出して得たばく大な収入を、国内の福祉や教育、産業の開発などに当ててきた。

日本の原油の輸入先（2009年）

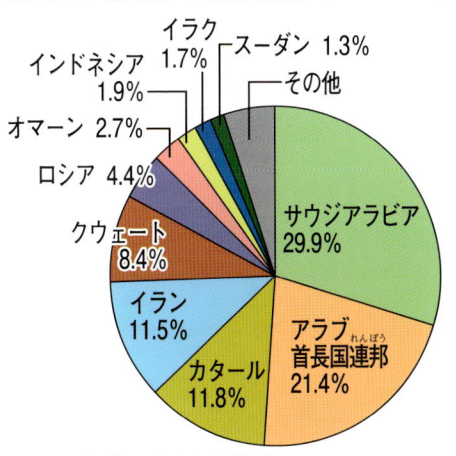

- サウジアラビア 29.9%
- アラブ首長国連邦 21.4%
- カタール 11.8%
- イラン 11.5%
- クウェート 8.4%
- ロシア 4.4%
- オマーン 2.7%
- インドネシア 1.9%
- イラク 1.7%
- スーダン 1.3%
- その他

出典：経済産業省「資源・エネルギー統計年報」

原油埋蔵量

国　名	埋蔵量（百万kL）
サウジアラビア	41324
イラン	21882
イラク	18285
クウェート	16139
ベネズエラ	15801
アラブ首長国連邦	15550
ロシア	9540
リビア	7039
ナイジェリア	5915
カザフスタン	4770

出典：『世界国勢図会2010/11年版』矢野恒太記念会編・刊、2010年

ガソリンよりも貴重（？）な水

　サウジアラビアでは雨が少ないため、砂漠が広がり、大きな川や湖がない。古くから、人びとの生活は、わき水と井戸水などに頼ってきた。しかし近年では、地下水の減少が深刻な問題となっていて、このままでは2040年ごろまでにかれてしまうと考えられている。そこで、水を最も多く使う農業の規模を小さくするとともに、海水を淡水（塩分を含まない水）に変える工場を盛んに動かしている。サウジアラビアの水道水の多くは、このような淡水化された水であり、大変貴重なのだ。

サウジアラビアのガソリンスタンド
（写真出典：アラブ・イスラーム学院HP）

別れ

　シンヤたちと砂漠で出会ったとき、ハリードさんはイブラヒムのお下がりを親戚の家に届ける途中だったらしい。4人を見てイブラヒムを思い出したというハリードさんは、翌日から、ユキを探すため町のいろいろなところに連れていってくれた。外出するときには、アイコも男の子の衣装を着て過ごした。
　「やっぱりユキちゃん見つからないね……」アイコがポツリとつぶやいた。
　数日間ユキを探して歩いたが、ついに見つけることはできなかったのだ。この国を旅立つときが近づいてきたようだ。

「ハリードさん、僕たちといっしょに行かない？」
　４人は、大きな家にひとりぼっちで住んでいるハリードさんを見て、そう誘ってみた。みんな、お父さんのように接してくれる彼のことが大好きになっていたのだ。
「ありがとう。でも、家族の思い出がいっぱいのこの家を離れることはできないよ」
　仕方なく４人は、ハリードさんに別れを告げることにした。

イスラム建築～モスク（マスジド）を見てみよう～

イスラム建築とは、ムハンマドの時代から今までの間に、イスラム教信者によって建てられた建築物のこと。これらのうち、モスクの特徴を見てみよう。

○ドーム

ドームとは、半円形の屋根のこと。イスラム建築というと、ドーム屋根を思い浮かべる人もいるかもしれない。しかし、実はドームは宗教的な建物全般によく見られる建築様式で、キリスト教などの建物にも多い。

エルサレムの岩のドーム（写真提供：越出水月氏）

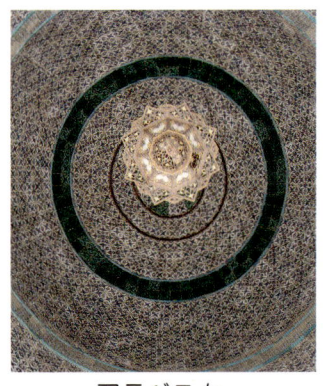

○アラベスクとカリグラフィー

アラベスクとは文字や植物、幾何学模様などを図形化したもののことで、カリグラフィーとは外国における書道のようなもののこと。アラベスクは、模様をいくつも繰り返して用いるが、これは、アッラーの世界の無限の広がりを表しているという。

アラベスク
（写真提供：越出水月氏）

カリグラフィー
（撮影協力：東京ジャーミイ）

○ミナレット

ミナレットとは、モスクの周りに建てられる塔のことで、礼拝の時刻を知らせたり、祝祭日に明かりをともしたりするのに使われる。

ドーム屋根とミナレット
（撮影協力：東京ジャーミイ）

風土に適した家屋

昔のサウジアラビアでは、乾燥した地域には土壁の家が、雨の多い地域には石造りの家が多く造られた。また、砂漠の近くには、窓が極端に小さい家や、頑丈なひさしのある家を見ることができる。これは、強い日差しや砂を含んだ風を遮るための工夫なのだ。

現代の都市部の建物は、日本のものと大きくは変わらない。しかし、もてなしの心が生きているサウジアラビアでは、客を招き入れる客間が広く造られていることが多い。そして、男性用と女性用の2つの客間を持つ家も珍しくない。

窓の小さな家（写真提供：サウジアラビア大使館）

ひさしに工夫がされた家
（写真提供：サウジアラビア大使館）

サウジアラビアのお祭り：イード・アル・フィトル

サウジアラビアには、大きな祭りが2つある。ひとつは、ラマダーン明けを祝う「イード・アル・フィトル」、もうひとつは、メッカへの巡礼の終わりを祝って羊などの犠牲をささげる「イード・アル・アドハー（犠牲祭）」だ。

このうち、イード・アル・フィトルは、日本の新年と同じような感覚のお祭りで、大掃除をしたり、洋服を新調したりする。お互いに「クッルーアームンアントゥムビハイル（毎年お元気で）」とあいさつする。

メッカの聖モスク

ラマダーン明けなどには、多くの人が集まる。
（写真提供：イスラミックセンター・ジャパン）

巨大(きょだい)な絵

　旅立つことを決めたとたん、またしても都合良く現れた乗り物に乗り込んだ４人が次にたどり着いたのは、小石が広がる平原だった。よく見ると、地面に浅い溝(みぞ)のようなものがあり、遠くまで続いている。人影(ひとかげ)はまったく見当たらない。
「今度はどこに来ちゃったの？」
　４人が首をひねっていると、ブーンという音とともに、どこからともなく小型飛行機が飛んできた。それは、しばらく４人の頭上を旋回(せんかい)して合図を送っているようだったが、やがて少し離(はな)れたところに着陸した。すると、またしてもソラがそちらの方向に勢(いきお)いよく駆(か)け出したため、４人も後を追ってみることにした。
　小型飛行機を操縦(そうじゅう)していたのは、犬を連れたラウルという男の人で、観光ガイドをしているという。ラウルさんは、なんとここが、地上絵で有名なペルーのナスカ平原だと教えてくれた。

ラウルさんは、大興奮している４人を飛行機に乗せ、さっそく上空から地上絵を見せてくれた。ナスカの地上絵は、あまりに大き過ぎて、上空からでなければその全体像が見えないのだ。
「すごい！　地上絵をこの目で見られるなんて夢のようだ！」ジュンイチは、感激で目を潤ませている。
　ほかの３人も、そのすばらしい光景に言葉を忘れたように見入っている。ただソラだけが、ラウルさんの飼い犬ペロのにおいをかいだり、じゃれついたりと落ち着かない。早くもペロになついてしまったらしい。

次は、どんな場所？

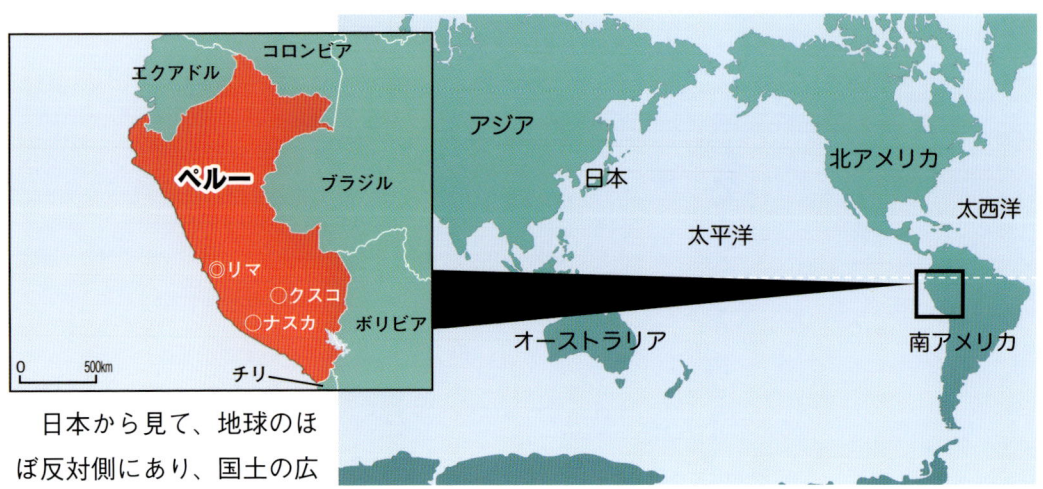

日本から見て、地球のほぼ反対側にあり、国土の広さは南アメリカ第3位。

地理

アンデス山脈が国土を縦断している。人口のほぼ半数が集中している太平洋沿岸地方では、アンデス山脈から流れ出た川沿いに町ができている。

人びと

もともとは、アジアから移動して住みついた人びとの子孫と考えられている先住民（インディヘナ）が住んでいた。16世紀以降は、混血が進んでいる。

気候

ペルーは、南半球にあるため、日本とは季節が逆になる。気候は、地域によって大きく異なるのが特徴。
右図は、山岳地帯のクスコの気候。

クスコの気候（雨温図）

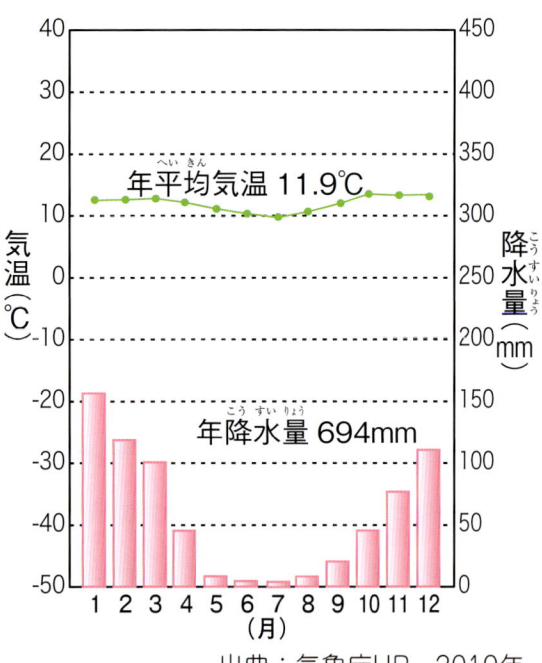

年平均気温 11.9℃
年降水量 694mm

出典：気象庁HP、2010年

56

ナスカ平原に描かれた謎の地上絵

　ペルーの太平洋側、ナスカの砂漠地帯に、動物や植物、幾何学図形などをかたどった巨大な絵がいくつも描かれている。これらは、紀元前200年ごろから紀元後700年ごろまでの間に描かれたと考えられている。あまりにも大きく、はるか上空からしか全体像を見ることができないため、飛行機のない時代にいったいなんのために描かれたのかが、大きな謎とされている。

クモ　全長約45mのクモの絵。地上絵はすべて一筆書きだ。

ハチドリ　実際のハチドリは、体長6cmほどの小さな鳥だが、絵は全長約110mもある。

コンドル　ペルーでは、コンドルは山の精霊への使者と信じられている。全長約130m。

幾何学図形　地上絵は、動植物よりも、直線や幾何学図形を描いたものの方が多い。

サル　しっぽをグルグルと巻いたサル。全長約55m。

イヌ　しっぽをピンと上げたイヌ。全長約50m。

（幾何学図形を除く）写真提供：ペルー政府観光局 FROM PERU
※地上絵が描かれたナスカ平原は、実際は立ち入り禁止。

ペルーの人びと

　ペルーの先住民は、私たちアジア人に近い人種であるインディヘナだ。彼らは、古くから優れた文明を築いたが、1533年にスペイン人によってこの地が征服されると、先住民と、スペイン人などとの混血が進んだ。

　そのほか、アフリカ系やアジア系の住民もいる。

ペルー（古代アンデス）歴史年表

出典：ペルー観光情報サイトHPの表を改変

さまざまな人種が暮らす国

ペルーの民族

インディヘナ（先住民）	45%	ヨーロッパ系	15%
混血	37%	その他	3%

出典：外務省HP

☆印＝写真提供：鈴木博子氏、ほかすべて：ペルー政府観光局 PROM PERU

多様な生き物たち

ペルーは、国全体としては熱帯に属するが、標高の違いなどによって海岸沿いの砂漠（コスタ）からアンデスの山岳高地（シエラ）、熱帯雨林（セルバ）まで、さまざまな気候が見られる。生息している動物や植物も地方によって大きく異なる。

３つの気候に分かれる

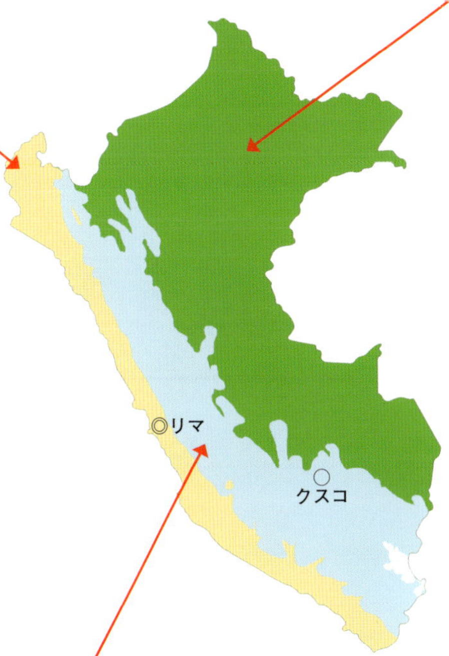

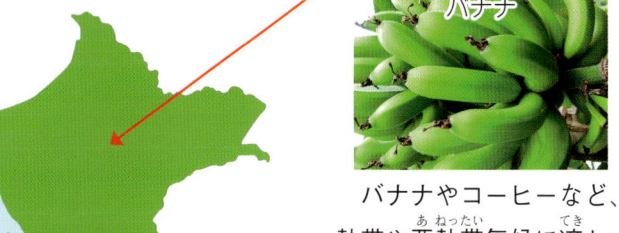

コスタ（海岸地帯）の動植物

サトウキビ
気温が高い太平洋岸の地域で、かんがいを行うなどして栽培される。

魚介類
沖を通るペルー海流によって、漁獲高は世界有数。

セルバ（熱帯雨林地帯）の動植物

バナナ
バナナやコーヒーなど、熱帯や亜熱帯気候に適した植物が栽培されている。

マニオク（キャッサバ）
いもの一種。栽培が比較的簡単。

ピグミーマーモセット
（写真提供：静岡市立日本平動物園）
長い尾を除くと、体長が15㎝ぐらいしかない小さなサル。密林の川沿いにすむ。

シエラ（山岳地帯）の動植物

じゃがいも・トマト
これらの野菜は、アンデス地方を原産地としている。

アルパカ・リャマ
（写真提供：鈴木博子氏）
標高3,500〜5,000mの高地で放牧されているラクダの仲間。

コンドル
標高3,000〜5,000mの人が近づけないところに巣を作る。羽を広げると３mにもなる。

◎リマ　○クスコ

湖に浮かぶ島

　ラウルさんは、多くの日本人観光客を案内したことがあり、親日家のようだ。シンヤたちの事情を聞いて、ぜひユキ探しを手伝いたいと申し出てくれた。そして、自分の故郷である、アンデス山脈のチチカカ湖畔の村に連れていってくれることになった。チチカカ湖には、湖に浮かぶ島に暮らす人びとがいるという。

島は、トトラというアシで造られ、浮かんでいた。まるで物語の世界のような不思議な光景だ。4人はおおはしゃぎで、同じくトトラで造られた舟や家を見せてもらっていたが、急にジュンイチが頭が痛いと座り込んでしまった。
「高山病かもしれない」ラウルさんによれば、チチカカ湖は標高3,800メートル以上のところにある。なんと富士山よりも標高が高いのだ。ラウルさんは、さっそく高山病の応急処置をすると、実家に連れていき、医者を呼んでくれた。
　4人は、しばらくこの村に滞在してジュンイチの回復を待ちながら、ユキを探すことにした。ラウルさんの家で飼われているアルパカの飼育を手伝ったり、町でユキを探し回ったりして過ごしていたある日、シンヤは山の上の石でできた不思議な町にユキがいる夢を見た。そのことをラウルさんに話すと、それは「マチュピチュ遺跡」ではないかと教えてくれた。幸いジュンイチも元気を取り戻していたので、4人は高山病の予防法を教えてもらい、さっそく遺跡へと出かけることにした。

アンデス高地の暮らし

標高が富士山を超えるアンデス高地には、先住民であるインディヘナが多く暮らしている。中には、かつてのインカ帝国の言語であったケチュア語だけを話す人びともいる。彼らの多くは、農業や牧畜といった昔と変わらない生活をしている。

農業

栽培されているのは、とうもろこしやじゃがいもといった、南北アメリカ原産のものが中心。これらは、高度によって異なる環境を利用して栽培されている。

また、近年注目されているのが、やはりアンデスを原産地とするキヌアという穀物だ。キヌアは、「穀物の母」と呼ばれていて、大変栄養がある。

牧畜

アンデスには、荷物の運搬用や毛をとる目的で、リャマ、アルパカ、ビクーニャ、グアナコという4種類のラクダの仲間が飼育されている。

服装

インディヘナは、色鮮やかな独特の民族衣装を身につけている。毛織物でできたこれらは、お土産としても売られている。

アンデスの保存食・乾燥じゃがいもの作り方

＊乾燥させることで、いっそう長く保存できる。

外に広げておく。 → 夜 気温が一気に下がり、凍る。 → 昼 解ける。 ×数日 → 踏んで水分を抜く。  → 乾かす。

高山病ってなんだろう？

標高が高くなると、酸素の濃度は薄くなり、気圧は低くなる。こうした変化は、頭痛や吐き気、脱力感などの症状をもたらす。これを「高山病（低酸素症）」と言う。高山病は、（個人差はあるが）標高3,000mぐらいから現れ始め、重い場合は死に至ることもある。

標高6,000mを超える山もあるアンデス山脈
（写真提供：ペルー政府観光局 PROM PERU）

予防のポイント

高山病は、何より予防が大切である。
1. 事前に健康診断を受け、薬を処方してもらっておく。
2. ゆっくりと時間をかけて、高度に体をならしながら登る。過労に注意。
3. 水分と炭水化物を多めにとる。
4. 深く呼吸することを心がける。
5. 異常を感じたら、すぐに周りの大人に知らせる。

（写真提供：ペルー政府観光局 PROM PERU）

富士山より高いところにある湖

チチカカ湖は、標高およそ3,800mのところにある。汽船（蒸気機関を備えた船）が航行できる湖としては、世界で最も高い場所にある湖だ。

この地に住むインディヘナは、舟はもちろん、家や島まで、トトラというアシを使って造ってしまう。

（写真提供：ペルー政府観光局 PROM PERU）

ペルーの世界遺産

世界遺産とは、未来に残したい人類共通の宝として、ユネスコ（国連教育科学文化機関）の世界遺産条約に基づいて登録された、古代文明の遺跡や自然景観などのこと。ペルーには、7つの文化遺産、2つの自然遺産、同じく2つの複合遺産（文化遺産と自然遺産の両方を持つもの）がある。

文化遺産

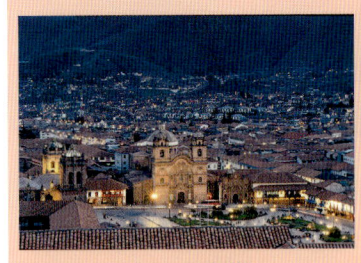

クスコ市街
（1983年登録）

チャビン遺跡
（1985年登録）

チャンチャン遺跡
（1986年登録）

ナスカとフマナ平原の地上絵
（1994年登録）

アレキパの歴史地区
（2000年登録）

リマの歴史地区
（1988、1991年登録）

カラル・スペ
（2009年登録）

自然遺産

ワスカラン国立公園
（1985年登録）

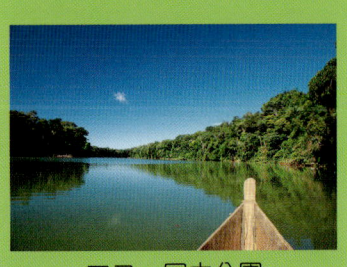

マヌー国立公園
（1987年登録）

複合遺産

マチュピチュ
（1983年登録）

リオ・アビセオ国立公園
（1990、1992年登録）

このページすべて
写真提供：ペルー政府観光局
PROM PERU

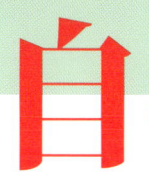

自然の恵み、豊かな食材

　ペルーでは、食材も豊かだ。漁業は、漁獲高世界第2位（2008年現在）を誇る。また、じゃがいもやとうもろこし、トマト、かぼちゃなど、私たちが食べている食材の多くがアンデス地方で生まれ、世界中に広まったものとされている。

主食はじゃがいもやとうもろこし

じゃがいもやとうもろこしは、ペルー料理に欠かせない。また、米やマニオクも主食として食べられている。

見直されるペルーの伝統食材

キヌア 
ミネラルが豊富。

マカ
ミネラル、ビタミン、アミノ酸が豊富。

カムカム
レモンの50〜60倍ものビタミンC。

地方によって異なる食文化

コスタ地方 
シーフードのマリネ
新鮮な魚介類を中心としたメニュー。

シエラ地方 
じゃがいものクリームソースがけ
インディヘナ料理の伝統が生きていて、じゃがいもが多く使われる。

セルバ地方
バナナのフライ
淡水魚やバナナなども料理に使われる。

アンデスの伝統料理・パチャマンカの作り方

1　石を焼いておく。

2　地面に穴を掘る。

3　穴の中に焼いた石を敷き、じゃがいもやとうもろこし、バナナの葉に包んだ肉などをのせる。

4　上からバナナの葉をのせ、土をかぶせて蒸し、1時間待つ。

5　掘り出して食べる。

インカ帝国

　インカ帝国は、現在のクスコのあたりに住んでいたケチュア語を話す部族によって造られた国で、15世紀前半から16世紀前半まで、およそ100年間続いた。最も繁栄した時期には、その領土は、現在のコロンビアから、ペルー、ボリビア、チリを経て、アルゼンチンの一部にまで及び、1000万人以上の人口を抱えていたという。

　インカ帝国は、優れた石組みなどの建築技術を持ち、美しい神殿、王宮などを建設した。また、遠くの領土をうまく治めるために、道路などの交通網を整備し、情報を伝える方法（キープ）を発達させるなど、豊かな文明が育まれていた。

　しかし、1533年、金を求めてやって来たスペインのピサロによって滅ぼされた。

☆インカの首都クスコ

インカの文化

キープ

インカ帝国には、文字はなく、代わりに、ひもに付けた結び目で情報を伝達していた。これをキープと言う。

（国立民族学博物館所蔵）

装飾品

金や銀から不純物を取り除いて、質の良い金属にする技術を持ち、美しい装飾品が作られていた。

（国立民族学博物館所蔵）

☆インカ道

険しい山中に、延えんと続く石畳の道。この道が整備されたことで、人や物、情報の行き来がスムーズになった。

☆十二角の石

高い技術で組まれた石と石の間には、カミソリの刃1枚も通すことはできないと言われている。

☆印＝写真提供：
ペルー政府観光局 PROM PERU

インカの遺跡、空中都市マチュピチュ

マチュピチュは、クスコの北西約120kmの山間にあるインカ帝国の遺跡。インカの遺跡のほとんどは、スペイン人によって略奪や破壊の被害を受けたが、マチュピチュは、離れた場所にあったためか、手つかずで残った唯一の遺跡だ。誰がなんのために、こんな山の上に都市を造ったのだろうか。

マチュピチュ

マチュピチュの全景。後ろの山は、ワイナピチュ。

太陽の神殿

石組みはほとんどが直線的に積まれているが、太陽の神殿は、美しい曲線を描いている。

コンドルの神殿

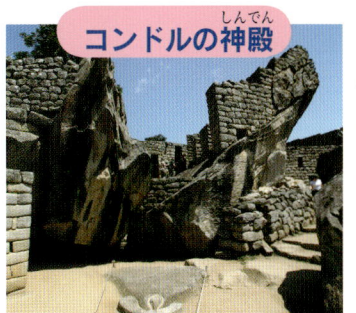

羽を広げたコンドルの形を表しているという神殿。ろう獄だったと言われている。

段だん畑

山の斜面に作られた美しい段だん畑。

ペルーのお祭り：インティライミ

冬至の日に行われる、ペルー最大のお祭り。「インティライミ」とは太陽の祭りという意味で、収穫を感謝し、翌年の豊作を願うもの。インカ帝国の時代に行われていた祭りで、植民地時代には廃止されていた。

☆＝印写真提供：ペルー政府観光局 PROM PERU

ユキを追って

 4人は、無理をせず、数日かけてマチュピチュ遺跡へと移動した。
 それまで写真でしか見たことのなかった、憧れの空中都市マチュピチュを目にして、みんな感動がおさまらない。しかし、今はユキを探さなければ！
「髪が長くて色の白い、僕たちぐらいの年の女の子を見かけませんでしたか？」
 手分けして、観光客への聞き込みを行うと、2人連れの女性観光客が、
「もしかして、太陽の神殿のところにいた女の子かしら？」
「そうよ、きっと。ちょっと寂しそうだったあの子よ」と教えてくれた。

4人はさっそく太陽の神殿に向かい、あたりを探し回った。しかしユキの姿は見つからない。諦めて引き返そうとしたそのとき、ソラの激しくほえる声が神殿の裏の方から聞こえてきた。
「ユキだ！」4人は大急ぎで走り出した。
しかし、ユキの姿はなく、代わりになぜか呼んでもいないのに、あの乗り物が！　　　　（3巻へ続く）

さくいん

あ

アイスランド　22,24,25,30,31,32,33,36,37
アッシュ・ウェンズデー　32
アッラー　46,52
亜熱帯　59
アラビア半島　40
アルシング　33
アンデス　56,60,62,63,65
イード・アル・フィトル　53
イスラム教（イスラーム）　40,44,46,47,48,52
イスラム建築　52
イスラム法　46,47
稲作　21
インカ帝国　62,66,67
インカ道　66
インディヘナ　56,58,62,63,65
インティライミ　67
雨温図　8,24,40,56
雨季　8,16,21
オアシス　41,42
オーロラ　22,25
お祭り　17,32,53,67
温泉　28,30,31

か

核　12
火山　24,30,31,36
かんがい　21
乾季　8,21
間欠泉（ゲイシール）　31
キープ　66
北大西洋海流　36
気温　8,24,25,40,41,42,56,59,62
気候　8,9,24,40,56,59
ギャウ　31,33
漁業　30,36,65
キリスト教　32,33,52
原油埋蔵量　40,49

さ

高温多湿　17
高山病　61,63
降水量　8,24,40,48,56
ゴータマ・シッダールタ（シャカ）　14
コーラン（クルアーン）　46,48
米　9,21,48,65

さ

サウジアラビア　39,40,41,43,46,47,48,49,53
サガ　33
悟り　14,15
砂漠　38,39,40,41,42,43,48,49,53,57,59
砂漠で水を手に入れる方法　42
砂漠に適した服装　43
寒さをしのぐ方法　26
山岳地帯（山岳部）　8,21,40,56,59
地震　10,11,12,13
児童労働　20
主食　9,30,48,65
出家　15
巡礼　46,53
食料自給率　37
世界遺産　64
石油　49
先住民　56,58,62
ソンクラーン　17

た

タイ　7,8,9,14,15,16,17,20,21
高床式住居　16
断食　44,46,47
地殻　12
地球温暖化　36
地上絵　54,55,57,64
チチカカ湖　60,61,63
地熱（マグマの熱）　31
地理　8,24,40,56
津波　11,12,13
東南アジア　7,8,14,16

な

ナスカ　54,55,57,64
熱帯　8,9,16,59
熱帯雨林　59
農業　18,20,21,62

は

氷河　24
仏教　8,14,15,20
プレート　12,13,31,36
プレート境界型地震　12
ベドウィン　41
ペルー　54,56,57,58,59,64,65,66,67
ペルー海流　59
防寒着（防寒具）　27,43
牧畜　62

ま

マチュピチュ　61,64,67,68
マントル　12
南アメリカ　56
ムハンマド（マホメット）　46,52
メッカ　40,46,47,53
メディナ　40,46
モスク（マスジド）　46,52,53
もてなしの心　48,53
モンスーン（季節風）　8,9,21

や

遊牧　40,41
輸出　36,37,49
輸入　30,37,49
ユネスコ（国連教育科学文化機関）　64
預言者　46

ら

酪農　30
ラマダーン　44,47,53
礼拝　46,47,52
六信五行　46

監修者紹介

矢ケ﨑 典隆（やがさき・のりたか）

1952年、石川県生まれ
カリフォルニア大学バークリー校大学院修了、Ph.D.（地理学博士）。
現在、東京学芸大学教授。専門は地理学、地誌学、南北アメリカ研究。
主な著書に、『食と農のアメリカ地誌』（東京学芸大学出版会、2010年）、『地誌学概論』（共編著、朝倉書店、2007年）、『アメリカ大平原』（共編著、古今書院、2003年）、『ノルデステ』（共編著、大明堂、1999年）、『移民農業』（古今書院、1993年）などがある。

参考文献

『世界の国々を調べる』矢ケ﨑典隆・椿真智子編、古今書院、2007年
『楽しく学ぶ小学生の地図帳』帝国書院編集部編、帝国書院、2010年
『新日本史　改訂版』大津透ほか著、山川出版社、2010年
『新しい社会　地理』五味文彦ほか著、東京書籍、2010年
『新しい社会　歴史』五味文彦ほか著、東京書籍、2010年
『地震と火山の島国』島村英紀著、岩波書店、2001年

取材・撮影協力／写真提供（順不同、敬称略）

〔タイ〕
　タイ王国大使館／タイ国政府観光庁
〔アイスランド〕
　アイスランド大使館／ Air&Travel Marketing.,Inc. ／濱地裕美子
〔サウジアラビア〕
　サウジアラビア王国大使館／東京ジャーミイ／イスラミックセンター・ジャパン／ JICA ／越出水月
〔ペルー〕
　ペルー大使館／ペルー政府観光局 PROM PERU ／国立民族学博物館／静岡市立日本平動物園／鈴木博子

子ども大冒険ずかん　2
ディスカバー！　世界の国ぐにで大冒険

2011年2月28日　　初版 第1刷発行
　　　　　　監　　修　矢ケ﨑　典隆
　　　　　　　　絵　　スタジオ　ハレ
　　　　　　発 行 人　松本　恒
　　　　　　発 行 所　株式会社　少年写真新聞社
　　　　　　〒102-8232　東京都千代田区九段北1-9-12
　　　　　　TEL 03-3264-2624　FAX 03-5276-7785
　　　　　　URL http://www.schoolpress.co.jp/
　　　　　　印　刷　所　図書印刷株式会社
　　　　　　©Shonen Shashin Shimbunsha 2011
　　　　　　ISBN978-4-87981-367-1 C8020
　　　　　　NDC290

　　　スタッフ　編集：少年写真新聞社書籍編集課　DTP：横山 昇用　校正：石井 理抄子　イラスト：松本 くみ子　写真：後藤 祐也
　　　　　　　　装丁デザイン：FROG KING STUDIO　／編集長：野本 雅央

本書を無断で複写・複製・転載・デジタルデータ化することを禁じます。乱丁・落丁本はお取り替えいたします。
定価はカバーに表示してあります。